Camino de las Bodegas, 9
28140 Fuente el Saz (Madrid)
Teléfono: 91 620 02 03
Fax: 91 620 06 97
Impreso en España

Una cosa queremos decir a las lectoras antes de empezar. No penséis que porque este tema sea "El Hombre" ya no va con vosotras. Los idiomas tienen esas cosas y, como sin duda sabéis, al decir "hombre", en general, se hace referencia a todo el género humano. Así pues, aquí se habla de hechos, curiosidades, anécdotas, hazañas, alegrías y tristezas de todos los que vivimos en el planeta Tierra. Seas, pues, chico o chica, grande o pequeño, blanco, negro o amarillo, pasa a la página siguiente... ¡y que comience la diversión!

La historia del mundo... ¡contada en un año!

La Tierra tiene una edad aproximada de 4.700 millones de años. Imagina que todo ese tiempo es un solo año y que ahora acabamos de escuchar las doce campanadas de la Nochevieja...

Pues bien, en ese año imaginario en el que resumimos la historia de nuestro planeta, la vida no habría empezado hasta finales del mes de mayo. Los primeros mamíferos no aparecieron hasta Navidad. Y el primer hombre habría empezado su existencia hace sólo seis horitas...

En la última hora ha habido más de cuatro eras glaciares, la última de las cuales terminó hace 80 segundos. Por su parte, los hombres prehistóricos comenzaron a pintar sus cuevas un minuto antes de medianoche.

Toda la historia de la humanidad habría trascurrido, comparativamente, en el tiempo que tardan en sonar las 12 campanadas. Los coches, la tele y los videojuegos habrían sido inventados... ¡hace una décima de segundo!

007
¡Qué personajes tan seductores!

El agente 007, James Bond, tiene ese nombre porque el escritor que inventó al personaje (Ian Fleming) era aficionado a los pájaros y admiraba a un ornitólogo (persona que estudia las aves) llamado Bond, James Bond. Por cierto que en las novelas y películas no hay ninguna mujer que no quede atrapada por los encantos del famoso espía...

La famosísima Cleopatra, faraona de Egipto, no era egipcia, sino griega. De ella se ha dicho que fue la mujer más irresistiblemente bella que haya existido. Pero otros aseguran que no era para tanto, aunque sí es cierto que tenía algo especial que hacía que los hombres cayeran rendidos a sus pies nada más verla.

¿Qué hubiera pasado si James y Cleo se hubieran encontrado?

Las 7 maravillas del mundo

En la antigüedad había siete monumentos que eran considerados como las maravillas del mundo. Los Jardines Colgantes de Babilonia y el Faro de Alejandría eran dos de ellos. Y también el famoso Coloso de Rodas, una gigantesca estatua del dios Apolo, hecha de bronce, que se alzaba a la entrada del puerto de Rodas.

Un terremoto acabó con el Coloso, y otros desastres fueron destruyendo las restantes maravillas, de las cuales sólo existe en la actualidad la Pirámide de Keops, que podemos ver en Egipto.

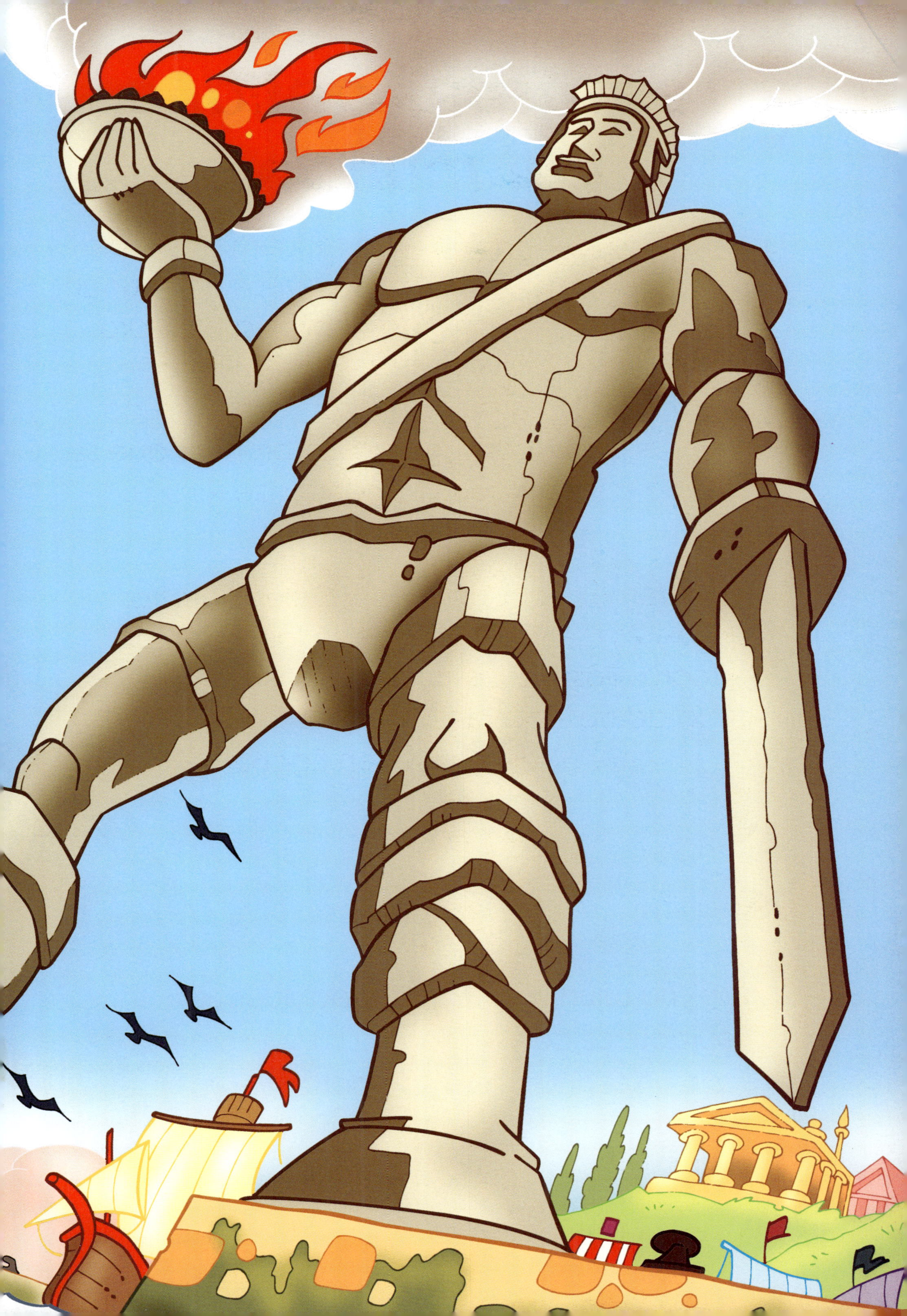

Los meses del año

Los nombres de los meses provienen de los romanos.

Enero viene de Jano, el dios al que estaba consagrado. Este dios tenía dos caras: con una miraba el pasado y con la otra el futuro.

Febrero procede del latín y significa purificación.

Marzo se llama así porque estaba dedicado a Marte, dios de la guerra.

Abril significa abrir, pues es el mes en el que las plantas y las flores comienzan a mostrar su esplendor.

Mayo se consagraba a Maia, diosa encargada del crecimiento.

Junio se llama así en honor de la diosa Juno.

Julio recibía su nombre en honor del emperador Julio César y **Agosto** en el de César Augusto.

Septiembre, **Octubre**, **Noviembre** y **Diciembre** significan, respectivamente, séptimo, octavo, noveno y décimo, pues ése era el lugar que ocupaban cuando el año sólo tenía 10 meses. (Al pasar a tener 12 meses, se añadieron Enero y Febrero).

Dos récords musicales

El compositor austríaco Wolfgang Amadeus Mozart vivió sólo 35 años, pero compuso cerca de mil piezas musicales, la mayor parte de ellas geniales. A los cuatro años ya sabía tocar el piano a la perfección, y a los seis compuso sus primeras obras. ¡Un talento único!

¿Te has preguntado alguna vez cuál es la canción que más se canta cada año en todo el mundo? Pues ni más ni menos que "Cumpleaños feliz" (Happy Birthday to you). Fue compuesta en 1935 y millones de niños la cantan diariamente en cualquier lugar del planeta.

Libros y detectives (¡los más grandes!)

¿Sabes cuál es el personaje que más películas ha protagonizado? ¡Sherlock Holmes! De él se han hecho casi 200 películas y ha sido interpretado por más de 70 actores. ¡Eso sin contar las series de dibujos en las que perros, gatos, ratones y otros animales han representado al famoso detective!

SUPER - BOOK!!!

Si este año te ha tocado
algún librote gordo en el cole,
de ésos que pesan en la mochila
(y más aún a la hora de estudiarlos),
consuélate pensando que los hay
mucho más terribles. En Denver
(Estados Unidos) existe uno llamado
"Super Book" que mide
2,74 por 3,07 metros
y pesa 256 kilos.

*¡No hace falta la lupa de Holmes
para verlo!*

Inventos y curiosidades

El hombre que inventó los patines de ruedas tuvo una curiosa ocurrencia para darlos a conocer. Se presentó en una fiesta de disfraces que se celebraba en la ciudad de Huy (Bélgica), y lo hizo patinando y tocando el violín. ¡Fue tan espectacular que su invento se hizo famoso al instante!

Los números que usamos (1 2 3 4 5 6 7 8 9 0) se llaman arábigos porque los estudiosos los encontraron por primera vez en libros de sabios árabes. Entonces no sabían que los árabes los habían encontrado en la India... ¡2.500 años antes!

Los días de la semana, de lunes a sábado, tienen su nombre en honor a los planetas: la Luna (lunes), Marte (martes), Mercurio (miércoles), Júpiter (jueves), Venus (viernes) y Saturno (sábado). El domingo viene del latín "dies dominicus" que significa Día del Señor.

Dos inventos muy curiosos

Los fuegos artificiales fueron inventados por los chinos a finales del siglo XI. Igual que ahora, se emplearon como diversión, para dar más colorido y espectacularidad a las fiestas. Pero, al parecer, también se usaron alguna vez con fines militares, para impresionar y asustar a los enemigos.

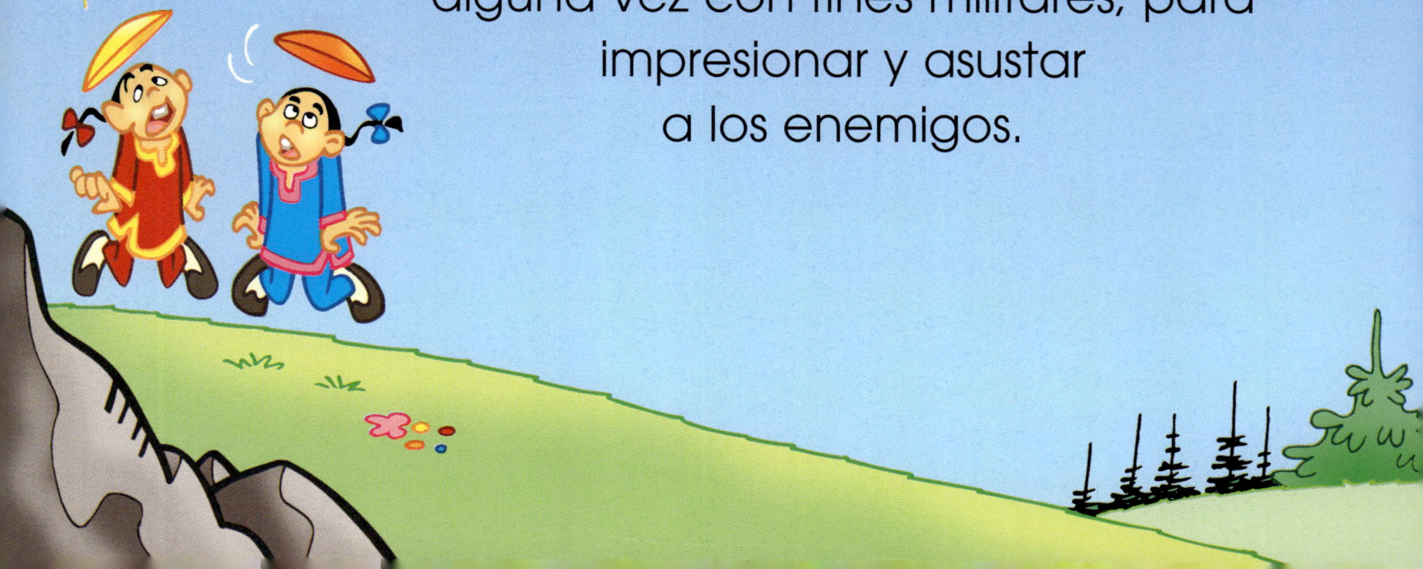

Los "frisbies" fueron inventados por un empleado de una fábrica de pasteles que comprobó que los recipientes que usaban para las tartas eran unos estupendos objetos voladores. Con un toque aquí y otro allá, perfeccionó dichos recipientes y así fabricó esos divertidos discos con los que se juega en todo el mundo. A la hora de poner nombre a su invento se decidió por el nombre de la fábrica de pasteles: "Frisbie".

¡Muchas gracias, inventores!

Gracias a los inventores la vida del hombre ha ido mejorado a través del tiempo. Demos las gracias a todos, y muy especialmente a dos de ellos:

A Daniel Peter, por haber inventado el chocolate en tabletas a finales del siglo XIX. Pues aunque el chocolate ya se conocía en Europa hacía 200 años, sólo se tomaba a la taza, es decir en su forma líquida.

A Nolan Bushnell por haber inventado el primer videojuego en 1972. Se llamaba "Pong" y consistía en una pantalla en blanco y negro con dos barras que representaban unas raquetas de tenis (seguro que tus padres jugaron con él).

Gracias a estos dos "genios" hoy podemos permitirnos el placer de una buena sesión de videojuegos mientras saboreamos una deliciosa chocolatina.

Dos motivos de orgullo

La Cruz Roja es una institución de la que el hombre puede estar orgulloso. Se creó en 1864, y como el lugar de su fundación fue la ciudad de Ginebra, se decidió tomar como símbolo la bandera suiza, pero con los colores invertidos. En lugar de tener una cruz blanca sobre fondo rojo, tiene una cruz roja sobre fondo blanco.

También fue un motivo de orgullo para el hombre poner el pie en la Luna. Tal honor le correspondió al comandante de la nave Apolo XI, Neil Armstrong, el 21 de julio de 1969. Ya es famosa la frase que pronunció:

"Es un pequeño paso para el hombre, pero un salto de gigante para la humanidad".

¡Su huella aún está allí!

Curiosidades deportivas

La Olimpiada o Juegos Olímpicos, tienen ese nombre porque la primera ciudad en las que se celebraron, varios siglos antes del nacimiento de Cristo, se llamaba Olimpia.

Las olimpiadas modernas comenzaron a celebrarse en 1896 y se deben al barón Pierre de Coubertin, que fue el inventor de la frase "Lo importante es participar".

Aunque parezca mentira, el deporte más practicado en el mundo no es el fútbol, sino... ¡el voleibol! Este juego causa furor en lugares tan poblados como China, Japón, Sudamérica o los países de la antigua URSS Y eso hace un total de más de 145 millones de jugadores federados. El voleibol es también deporte olímpico desde 1964.

¡Cosas del fútbol!

Ya se sabe que el fútbol lo inventaron los ingleses. Los italianos opinan, sin embargo, que ellos ya practicaban en el siglo XV un juego de balón-pie llamado "calcio". Por eso, en Italia al fútbol se le llama "Calcio".

El portero de fútbol más grande de que se tiene noticia fue Willie "Fatty" Foulke (1874-1916), que medía 1'90 metros y pesaba 141 kilos. Jugaba en el equipo inglés del Bradford, y una vez se tuvo que suspender el partido porque rompió los palos de su portería.

Curiosidades de nuestro cuerpo

Según se calcula, una persona llega a comer a lo largo de su vida unos 27.200 kilos de alimentos, lo que sería un equivalente a seis elefantes de buen tamaño. Claro que hay algunos que se zampan ellos solos el equivalente a toda una manada...

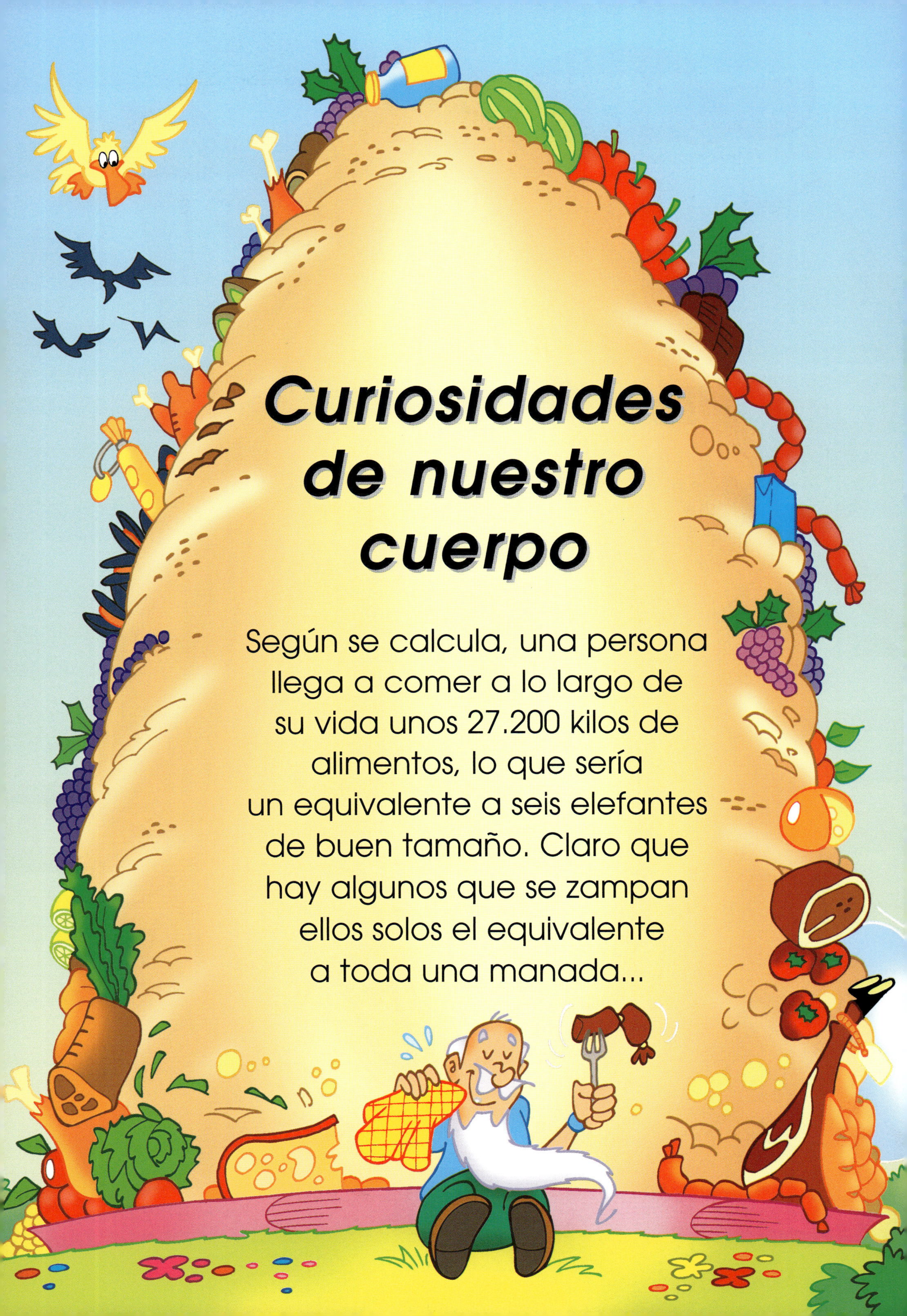

En la Edad Media, el hombre normal y corriente tenía una estatura de 1'64 cm y un peso de 60 kilos. (Vamos, que si hubiesen visto a un equipo de la NBA habrían pensado que estaban en el país de los gigantes).

El aire que expelemos al estornudar alcanza muchas veces una velocidad de 160 km/hora. Es decir... ¡la velocidad de un huracán!

Risas y lágrimas

Cuando sonreímos empleamos un total de 17 músculos. En cambio, cuando arrugamos la frente al enfadarnos, utilizamos un total de 43. Así que la cosa está clara... ¡es mucho mejor sonreír!

¿Sabes por qué bostezamos siempre que tenemos sueño? Es muy sencillo: al bostezar abrimos mucho la boca y tragamos una gran cantidad de aire, lo cual sirve de ayuda para desvelarnos momentáneamente. Se trata, pues, de un recurso de nuestro cuerpo para combatir el sueño.

Nuestras lágrimas contienen una sustancia antiséptica llamada "lisozim". Eso quiere decir que tienen propiedades curativas.

¡Nos falta la paz!

¿Te has fijado que en este libro no hemos hablado de guerras? Sin embargo, como seguramente sabes, ha habido un montón de ellas. Demasiadas. Se puede decir que el hombre, desde que era un ser primitivo, ya le estaba atizando con la cachiporra a su vecino. Es una pena reconocerlo, pero esa es nuestra gran asignatura pendiente: aprender a vivir en paz.

Por otra parte, mientras leías este libro habrán nacido un montón de niños y niñas en todo el mundo, pues se calcula que la población del planeta aumenta a un ritmo de 150 personas por minuto. Tal vez estos niños que ahora nacen sean capaces de conseguir la paz.

¡Haz tú también un esfuerzo para que eso sea posible!

Expresiones curiosas con la palabra HOMBRE

Hombre de armas tomar:
El que está dispuesto a cualquier cosa.

Hombre de corazón:
El que es valiente y generoso.

Hombre de dos caras:
El que a unos les dice una cosa y a otros otra distinta.

Hombre de palabra:
El que cumple lo que promete.

Hombre de mundo:
El que es experto en el trato con las gentes y en los negocios.

El aire no tiene olor, color ni sabor...
Seguro que ya te habías dado cuenta de eso.
Pero hay otras muchas curiosidades
relacionadas con el aire que te van a encantar.
Para empezar a conocerlas, sólo tienes
que hacer como estas simpáticas aves
y pasar a la siguiente página del libro...

El aire que respiramos

¿Sabes cuántas veces respiramos por minuto? Pues entre 12 y 15 veces. Eso hace casi 800 veces a la hora; y cerca de 20.000 veces al día. Y eso cuando estamos tranquilos, porque si corremos o hacemos ejercicio, necesitamos más aire y respiramos muchas más veces.

Con el aire que respiramos durante un día se podrían llenar seis cabinas de teléfono. Con el que respiramos en toda nuestra vida se podrían llenar un par de globos dirigibles.

Al respirar, el aire penetra y sale de la nariz a unos 8 kilómetros por hora. Pero si soltamos un bufido, la velocidad es el doble.

¡Huracán!

Cuando el viento toma una velocidad de más de 120 kilómetros por hora se dice que es un huracán. Entonces puede arrastrar árboles, animales, casas y cualquier cosa que se le ponga por delante.

Hasta hace poco tiempo, los científicos les ponían a los huracanes un nombre femenino: Martha, Amy, Rita y otros por el estilo. Pero esto no les gustaba nada a las mujeres, y con sus protestas consiguieron que también les pusieran nombres de varón.

El arco iris

El arco iris se produce cuando los rayos del sol atraviesan las gotas de agua que quedan suspendidas en el aire después de llover. Para poder verlo es necesario, por tanto, que haya llovido, que luzca el sol y que el sol esté a nuestra espalda.

El arco iris tiene siete colores y son siempre los mismos: rojo, naranja, amarillo, verde, azul, añil y violeta.

La primavera y el otoño son las épocas del año donde es más fácil contemplar un arco iris.

¿Sabías que según la leyenda, al final del arco iris hay siempre un tesoro? Dicen que suelen ser ollas llenas de monedas de oro. Así que si alguna vez ves uno cerca, date una carrera hasta el final que a lo mejor te haces millonario.

Viajeros invisibles del aire

¿Sabías que a tu alrededor están volando por el aire un montón de cosas que tú no ves? Te vamos a decir unas cuantas: las emisiones de radio y de televisión, las comunicaciones de los teléfonos móviles, los radares de los aviones y los barcos y, por supuesto, los sonidos de todo tipo: voces, música, risas, pasos, golpes, explosiones, etcétera.

Curiosamente, las ondas sonoras viajan más deprisa por el suelo que a través del aire. Por eso pegando el oído al suelo se puede oír el sonido de los cascos de un caballo mucho tiempo antes de que llegue.

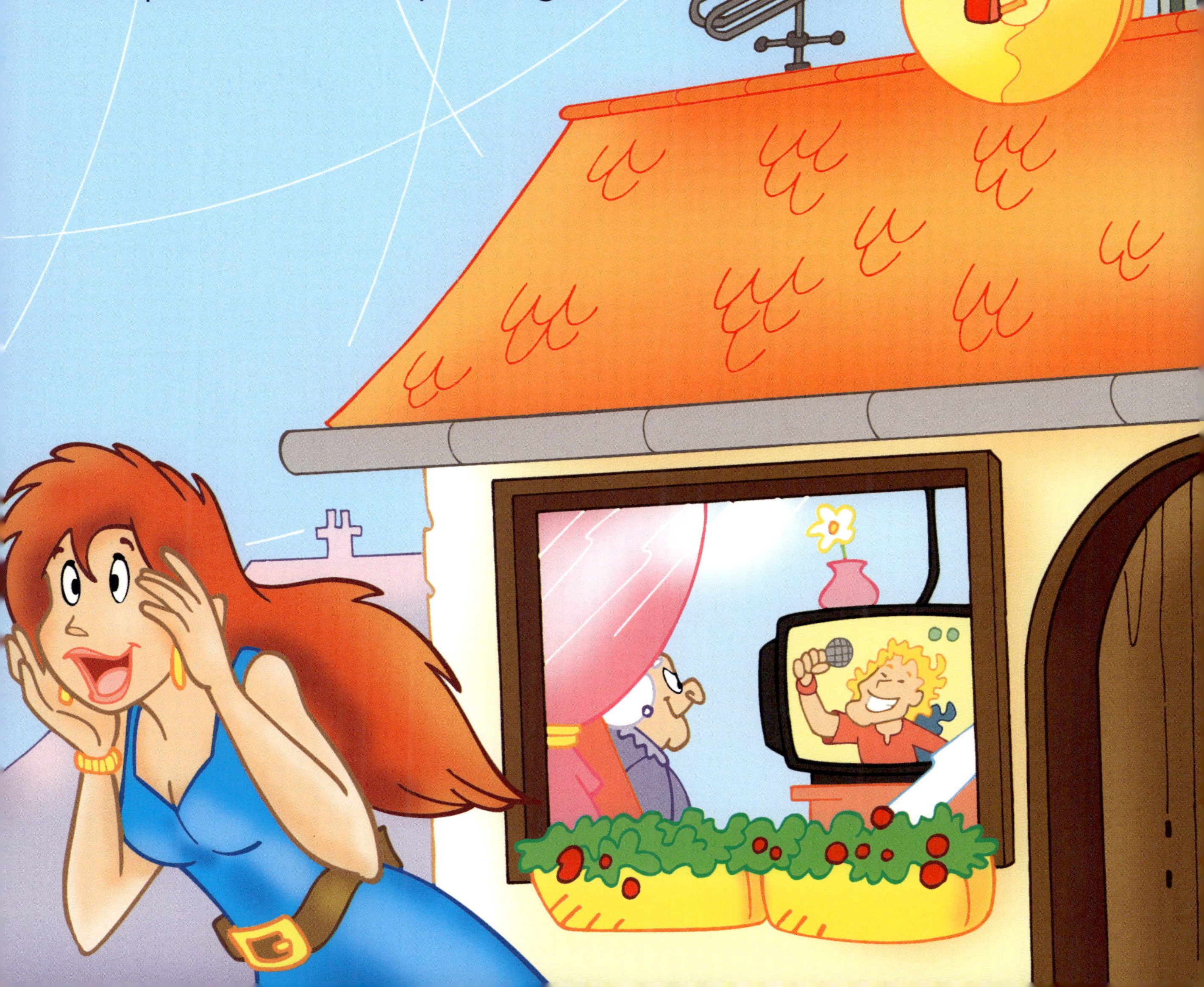

Los hombres-pájaro

El mayor sueño del hombre ha sido poder volar. En la antigüedad se pensaba que si se construían unas alas y se aprendía a manejarlas, el hombre podría imitar a las aves. Muchos lo intentaron... y acabaron con bastantes huesos rotos.

Según la leyenda, Dédalo y su hijo Ícaro lograron volar hace 3.500 años con unas alas hechas de plumas pegadas con cera. Pero Ícaro se acercó demasiado al sol, la cera de sus alas se derritió y acabó cayendo al mar.

Las leyendas modernas de hombres que vuelan son las de Supermán, Batman y otros super-héroes. El hombre normal sigue sin poder volar.

No sólo vuelan las aves

La ardilla voladora de Australia extiende sus patas y se convierte en una especie de mantita que planea de árbol en árbol. ¡Hasta 40 metros puede recorrer en un solo "vuelo"!

Los murciélagos son mamíferos y no tienen plumas, pero vuelan de verdad. Resultan muy útiles para el hombre porque devoran miles de insectos.

El pez volador es capaz de volar unos 300 metros. Para ello despliega sus aletas y salta fuera del agua.

Los antiguos reyes del aire

En la actualidad el mayor animal volador que existe es el albatros.
Pero en los tiempos prehistóricos hubo un reptil alado llamado Pterodáctilo, que con sus alas desplegadas medía 16 metros.
¡Igual que un vagón de tren!

Pero la mayor ave voladora que ha habido en la Tierra fue la Argentavis Magnificens, que vivió en Argentina hace 6 millones de años. Su aspecto era como el de un buitre gigante y llegaba a pesar hasta 160 kilos.

Aves que no vuelan

El kiwi es un ave que no vuela... por la sencilla razón de que no tiene alas. Este extraño animal sólo vive en Nueva Zelanda y es un símbolo de ese país y también de sus equipos de rugby.

Una curiosidad: la fruta conocida como kiwi se llama así porque los kiwis comen muchos kiwis.

Los pingüinos sí tienen alas, pero son tan cortas que no les sirven para volar. En cambio, son unos magníficos nadadores.

Del más grande... al más pequeño

Además de ser muy fuertes (pueden levantar un carnero con sus garras), las águilas tienen una vista tan extraordinaria que son capaces de ver a un pequeño ratón a 3 kilómetros de distancia.

El único pájaro que puede volar
hacia atrás es el colibrí. También puede
quedarse flotando en el aire mientras
bebe el néctar de las flores.

Además, una de sus especies,
el colibrí abeja, tiene el record de ser
el ave más pequeña del mundo.
Sólo mide 6 centímetros y pesa
menos de 2 gramos.

En casa... ¡O de viaje!

El águila de cabeza blanca, que vive en Estados Unidos, construye un nido tan grande que podríamos decir que es el palacio de los nidos. ¡Se han llegado a encontrar algunos de hasta 2 toneladas de peso!

El pájaro más viajero es el charrán ártico.
Para emigrar se da un paseíto de
unos 32.000 kilómetros, desde
el Ártico (o Polo Norte) hasta
la Antártida (o Polo Sur).

Las especies más abundantes

¿Te gustan los huevos fritos? Entonces te interesará saber que una gallina pone unos 250 huevos al año. Y si lo que más te gusta es mojar la yema, te diremos que el record lo tiene una gallina de Estados Unidos que puso un huevo ¡con nueve yemas! Además, se trata del ave no voladora que más abunda en la Tierra.

El ave no voladora de la que se hizo un gran censo en 1974 y a la que entonces tocábamos a una por persona de la Tierra es… ¡la gallina!

Algunas aves voladoras como el buitre negro o el loro azul están en peligro de extinción. En el lado contrario está el petirrojo, que es una de las que más abundan, con hasta 10.000.000.000 (diez mil millones) de individuos.

Pero los animales voladores más numerosos en la Tierra son, naturalmente, los insectos.

Los más veteranos

El cóndor andino es, como el buitre, un animal carroñero. No es ningún insulto, se les llama así porque se alimentan de animales muertos, con lo cual hacen una gran labor de limpieza.

Además presume de dos récords: es el ave que más pesa (entre 9 y 11 kilos los machos) y también una de las que más tiempo viven.

En este récord de las edad está también el cuervo (que puede vivir hasta 80 años) y algunos pájaros exóticos como los loros, las cacatúas y los papagayos.

Los más rápidos

Para las aves no existen los límites de velocidad. Por eso, algunas, como el halcón peregrino, son capaces de volar a 290 kilómetros por hora.

Para que te hagas una idea, ésta es la velocidad de algunas otras aves (en km/h): golondrina, 210. Águila, 170. Pato, 110. Estornino, 80. Paloma, 70. Pelícano, 47. Gavilán, 40. Cuervo, 38. Gorrión, 30.

El murciélago, que como
ya sabemos no es un ave, alcanza
unos modestos 20 km/h.

Claro que para rapidez, la que se da la urraca en apoderarse de cualquier objeto brillante que vea. Las joyas les encantan y, como son unas ladronas muy hábiles, algunas tienen un verdadero tesoro en su nido.

El viento bien aprovechado

El ser humano ha sabido aprovechar la fuerza del viento para que soplara en las velas de los barcos y los hiciera navegar, para que moviera las aspas de los molinos y para otros muchos trabajos. En la actualidad la aprovecha para producir energía en grandes centrales eólicas, que tienen ese nombre porque al antiguo dios de los vientos se le llamaba Eolo.

Muchos niños de todo el mundo aprovechan el viento para jugar con sus cometas. Pero las cometas también se han empleado para comunicarse mediante banderas o para la información meteorológica. Los chinos llegaron a utilizarlas como puestos de vigilancia aéreos y fueron, por tanto, los primeros artefactos volantes que transportaron personas por el aire.

¡Cuidemos el aire!

En las ciudades modernas cada vez respiramos un aire más contaminado debido a las fábricas, las calefacciones, los vehículos... ¡Qué diferencia cuando vamos al campo y podemos respirar a pleno pulmón!

Por eso debemos contribuir entre todos a la limpieza del aire. ¿Se te ocurre de qué modo? Pues, para empezar, respetando las plantas y los árboles, y platándolos vosotros mismos, si podéis. Ellos, con su oxígeno, hacen que el aire sea más puro.

Expresiones curiosas con la palabra AIRE

Beber los aires:
Desear algo con mucha ansia.

Dar aire al dinero:
Gastarlo pronto.

Mudar aires:
Trasladarse de un lugar a otro cuando se está enfermo, con el fin de recobrar la salud.

Sustentarse del aire:
Comer muy poco.

Tomar el aire:
Pasear, ir al campo o a algún sitio descubierto.

Tierra es el nombre del planeta que habitamos. Y tierra se le llama también a la parte de su superficie que no está ocupada por los océanos. En ella viven muchísimas especies de animales y plantas. Y hay tantas cosas maravillosas y sorprendentes que no te las puedes ni imaginar. Para empezar a conocer algunas de ellas, sólo tienes que hacer como estos representantes de la fauna terrestre y pasar a la siguiente página del libro...

Nuestro planeta TIERRA

Nuestro planeta Tierra no es una esfera perfecta, pues está achatada por los Polos.

Por eso, si diésemos la vuelta en una nave espacial alrededor del Ecuador tardaríamos más que si la diésemos pasando por el Polo Norte y el Polo Sur.

También puede decirse que la Tierra es como una gran cebolla, pues tiene cuatro capas: corteza, manto, núcleo líquido y núcleo sólido.

Pero apenas hemos profundizado en su interior. Por eso se dice que si la Tierra fuese un huevo, el hombre ni siquiera habría atravesado aún su cáscara.

¡Esos terribles volcanes!

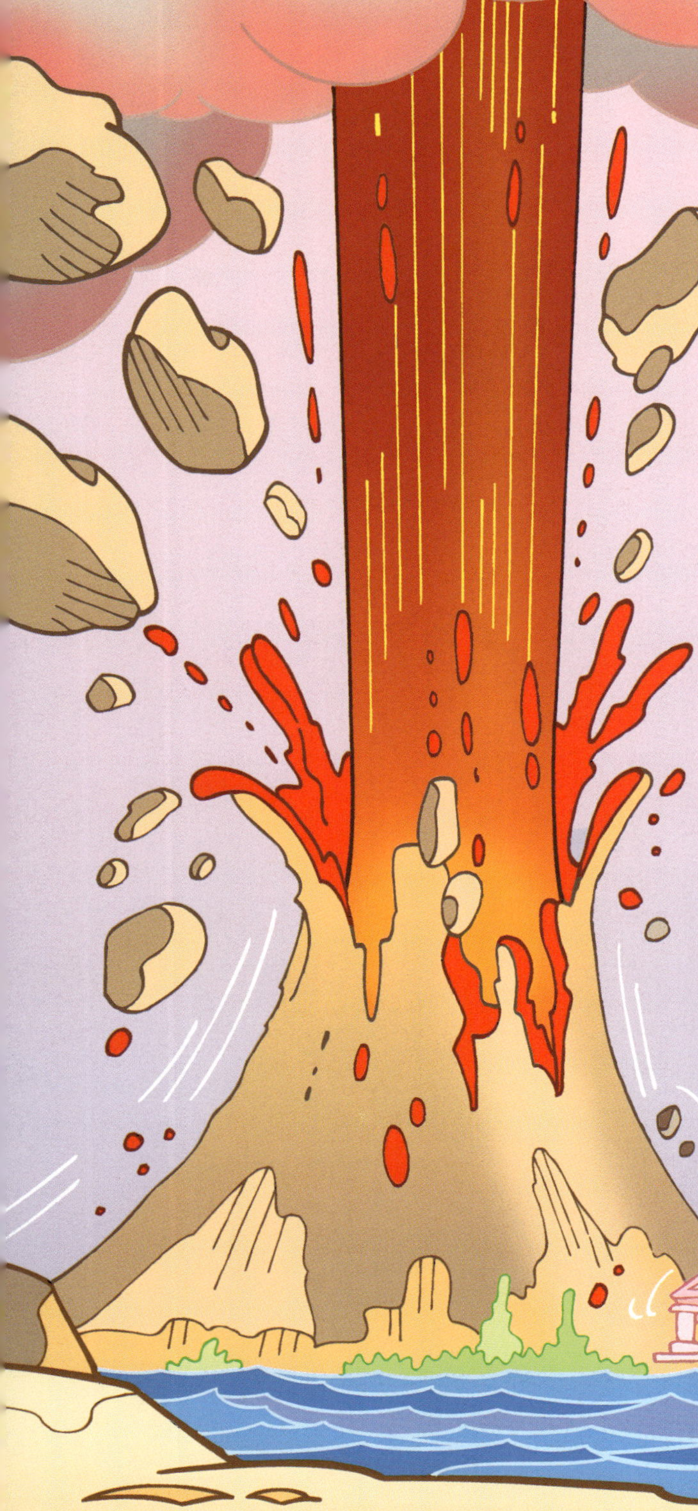

Los volcanes surgen cuando las rocas fundidas que hay en el interior de la Tierra (que reciben el nombre de magma) ascienden a la superficie.

La mayor explosión volcánica de que se tiene noticia ocurrió en Indonesia, en 1883, cuando el volcán Krakatoa lanzó rocas a una altura de 55 kilómetros y provocó una inmensa ola de 40 metros del altura.

Hay leyendas que hablan de otras explosiones, aún más terribles, que tuvieron lugar hace miles de años,

una de las cuales se cree que acabó con la civilización minoica, que fue la cuna del famoso animal mitológico Minotauro.

El clima y sus récords

Como bien sabes, el clima es muy diferente en los distintos puntos del planeta.

El lugar más caluroso, por ejemplo, lo encontramos en el desierto de Libia, donde en 1922 llegó a registrarse una temperatura de 58° a la sombra.

La zona de la Tierra donde más frío hace
está en la Antártida. La temperatura media
es de 58° bajo cero. Y hay ocasiones,
como ocurrió en 1960, en las que se llega
a los 88° bajo cero.

El récord por ser
el lugar donde más llueve
lo tiene el monte Wai-ale-ale, en la isla
hawaiana de Kauai. Allí llueve 350 días al año.

Montañas, ríos y lagos

Seguro que sabes que la montaña más alta del mundo es el Everest (8.648 m) y está en Asia.

¿Y el río más caudaloso? Sin duda el Amazonas, que fue descubierto en el año 1500 por el navegante español Vicente Yáñez Pinzón.

El lago más elevado del mundo es el Titicaca (Perú), que está a 4.000 metros de altura sobre el nivel del mar. Además resulta navegable, llega a tener una profundidad de 370 m y alberga 36 islas que contienen interesantes ruinas de antiguas civilizaciones.

Récord del mundo vegetal

Los árboles más grandes que podemos ver en nuestro planeta son las gigantescas secuoyas de Estados Unidos. Una de ellas, llamada "General Sherman", tiene más de 4.000 años de edad y mide 130 m de altura.

La seta más venenosa es la "amanita phalloides". ¡Resulta tan peligrosa que debería llevar una calavera pintada!

La flor más grande es la raflesia, que crece en Malasia y puede llegar a pesar entre 8 y 12 kilos. ¡Como para hacer un ramo!

¡Hojas grandes como barcas!

Esas masas de árboles del fondo de la ilustración representan a los inmensos bosques de coníferas (pinos, abetos, cedros...) del Norte de Rusia, que son los más grandes del mundo.
¡Más de mil millones de hectáreas de puro bosque! (Una hectárea = 10 kilómetros cuadrados).

El nenúfar es una planta acuática que se cría en las aguas que tienen poca corriente. Los nenúfares que podemos ver en muchos estanques tienen un buen tamaño, pero eso no es nada comparado con el gigantesco "victoria amazónica", que crece en América del Sur, y cuyas hojas llegan a medir más de 2 metros de diámetro. ¡Imagínate! ¡Una hoja que puede aguantar el peso de un niño pequeño y llevarlo flotando como si fuera una barca!

Curiosidades "alimenticias"

Las patatas son en la actualidad el alimento básico de muchos pueblos. Pero hace sólo 500 años eran desconocidas en todo el mundo, menos en América, de donde las trajo el almirante Cristóbal Colón.

Por cierto que, aunque ahora es un alimento muy popular que puede cocinarse de muchísimas formas, al principio la gente sentía bastante repulsión hacia ellas y pasó mucho tiempo hasta que comenzaron a ser aceptadas.

Y hablando de alimentos vegetales, tal vez te interese saber que el aguacate es la fruta más nutritiva de todas.

El pepino, en cambio, es el menos alimenticio de los vegetales. Pero eso lo compensa con su refrescante y delicioso sabor y con el hecho de ser utilizado también como producto de belleza.

Animales prehistóricos

El más animal: el Tiranosaurus Rex ha sido el mayor carnívoro que haya vivido jamás en nuestro planeta. Medía 7 m de altura y sus mandíbulas estaban pobladas de unos terroríficos dientes largos y afilados como puñales.

El más tonto: era seguramente el Estegosaurio. Pesaba dos toneladas, pero tenía la cabeza muy pequeña y un cerebro del tamaño de una nuez.

Algunos cocodrilos que viven en Asia, en los estuarios de los ríos, miden 5 m de largo, y se han encontrado ejemplares de 8 y 9 m. Cuando flotan en el agua parecen enormes troncos de árboles.

¡Esos larguíiiiisimos reptiles!

Pero el título de "reptil más largo"
lo tiene la serpiente pitón,
que puede llegar a medir 10 m.
¡No es venenosa, pero si se enrosca
en tu cuerpo estás perdido!

Lo que las tortugas tienen verdaderamente
larga es la vida. Se ha sabido de algún
ejemplar que ha cumplido
152 añitos de nada.

Mamíferos con récords

El elefante es
el más grande y pesado de los
mamíferos terrestres. Puede vivir hasta
los 75 años (o más). Y teniendo en cuenta
que come 150 kilos de vegetales al día...
¡calcula la de hojas, ramas y árboles que
se manduca en su vida!

La jirafa es el mamífero más alto (entre 5 y 6 m).
Gracias a su larguísimo cuello se come las hojas
a las que ningún otro animal puede llegar.

El más pequeño de los mamíferos terrestres es
el murciélago de hocico de cerdo (también
llamado "kitti"). Sólo mide un centímetro
y medio, y pesa 2 gramos.

¡Los más rápidos!

¡No te fíes de los hipopótamos! Aunque los veas tan gordos y pesadotes son capaces de correr a 40 km por hora. ¡En una carrera ganarían a cualquier humano!

Pero el título de animal terrestre más rápido lo tiene el guepardo, que puede llegar a los 100 km por hora.

En el lado opuesto está el caracol, uno de los animales más lentos que existen. ¡Claro que habría que ver a otros si tuvieran que llevar como él la casa a cuestas!

Monos y simios

Aunque mucha gente se confunde al referirse a ellos, no es lo mismo un mono que un simio. ¿Y sabes qué les diferencia? Pues... ¡la cola! Los monos tienen cola y los simios no (o la tienen tan cortan que no es visible).

El mono más pequeño que existe es el titi pigmeo, una monada que sólo mide veintitantos centímetros...

Los simios (gorilas, orangutanes, chimpancés) son más grandes y asombrosamente fuertes. Un famoso chimpancé llamado "Boma", que pesaba 74 kg consiguió arrastrar un peso de 385 kg. Un hombre del mismo peso no podría mover más de 95 kg.

GYM

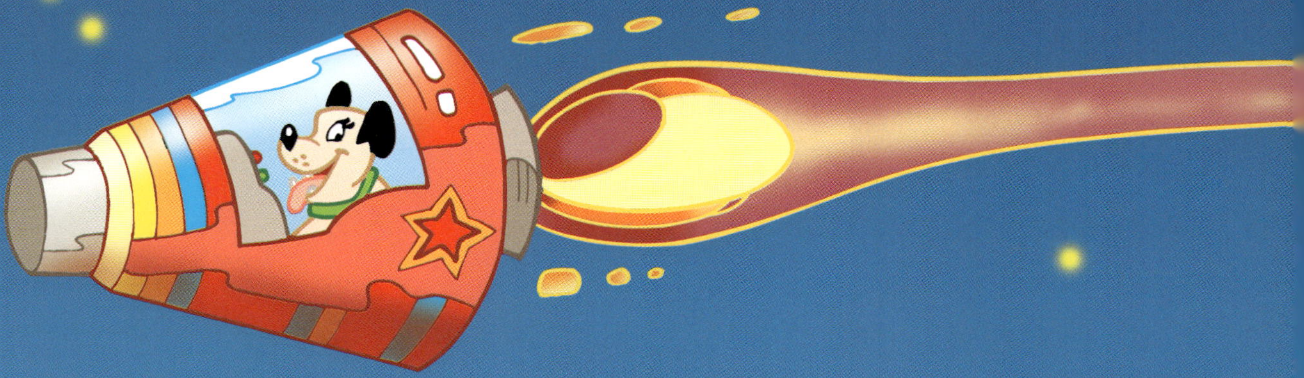

Curiosidades perrunas (y gatunas)

Laika se llamaba la pasajera de la nave rusa Sputnik II que fue enviada al espacio en 1957. Hasta ahora es el can que ha conseguido volar más alto.

Como sabes, hay muchísimas razas de perros. Los más grandes son los San Bernardo (famosos por rescatar a las personas que quedan atrapadas en la nieve) y los más pequeños, los caniches enanos y los chihuahuas.

Si no tienen ningún accidente, los gatos suelen vivir más que los perros, pero eso de que tienen siete vidas no es más que una leyenda.

Nombres curiosos de animales

Cuando el científico y navegante James Cook llegó a Australia en el siglo XVIII, preguntó a un nativo cómo se llamaba aquel animal saltarín que llevaba a su cría en una bolsa. El nativo contestó: "Kanga-roo" (que en su idioma significa "no comprendo"). Cook creyó que ése era el nombre del animal y debido a esa confusión ahora lo conocemos como canguro.

"Koala" es una palabra australiana que significa "animal que no bebe". Así llamaron a esos simpáticos animalitos que viven en los bosques de eucaliptos, porque, en efecto, nunca bajan de sus árboles para beber.

Animales fantásticos y misteriosos

Hay animales que sólo han existido en las leyendas, como los dragones. Y hay leyendas que aseguran que todavía viven en el mundo animales misteriosos que aún no han sido descubiertos. Entre ellos está "Nessie", el famoso monstruo del lago Ness (Escocia), el Yeti (en el Himalaya) o el Bigfoot (Pies Grandes), en los Estados Unidos.

Otros animales están en peligro de extinción. Si quieres ayudar a su protección, infórmate de cómo hacerlo en las asociaciones ecologistas. Nuestro planeta es nuestra gran casa. Debemos quererlo y ayudar todo lo que podamos a su conservación.

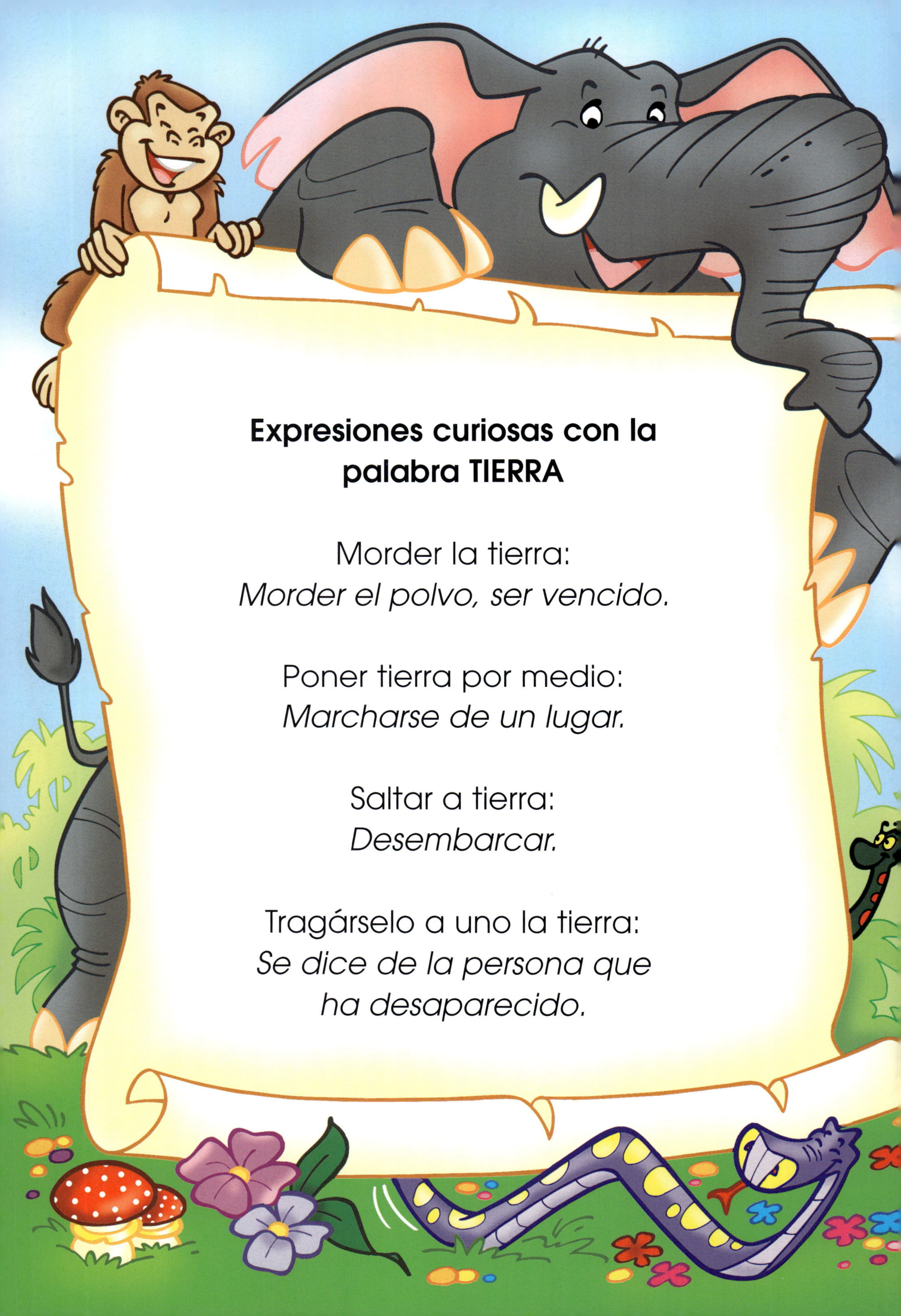

Expresiones curiosas con la palabra TIERRA

Morder la tierra:
Morder el polvo, ser vencido.

Poner tierra por medio:
Marcharse de un lugar.

Saltar a tierra:
Desembarcar.

Tragárselo a uno la tierra:
Se dice de la persona que ha desaparecido.

El mar es ese lugar junto al cual mucha gente va a pasar sus vacaciones de verano... Seguro que eso ya lo sabías. Pero el mar encierra además un mundo de curiosidades que te van a encantar. Para empezar a conocerlas, sólo tienes que hacer como estos simpáticos peces y pasar a la siguiente página del libro...

Planeta “AGUA”

Nuestro planeta Tierra debería llamarse planeta Agua, ya que sus dos terceras partes están ocupadas por los océanos. Es decir, hay el doble de superficie ocupada por el agua que por la tierra firme.

¿Sabes por qué a veces vemos el mar azul? Es a causa de los rayos de luz azul del Sol y del reflejo del cielo en el agua.

El agua de los océanos de la Tierra
podría cubrir nueve veces
la superficie de la Luna.

Abismos y montañas

La montaña más alta del mundo no es el Everest (8.848 m) sino el Mauna Kea (10.203 m), un volcán submarino cerca de Hawai.

¿Sabías que a partir de los 1.500 metros de profundidad el agua del mar está igual de fría que si estuviera dentro de un frigorífico?

El punto más profundo de la Tierra es la Fosa de las Marianas, en el océano Pacífico. Mide más de 11 kilómetros de profundidad, y si tirásemos una bola de acero de 1 kilo tardaría casi una hora en llegar al fondo.

Olitas, olas y super-olas

Las olas pequeñas les gustan a los niños para saltar sobre ellas, y las olas grandes les encantan a los que practican el surf. Pero ¿sabes quién las provoca? Pues muy sencillo: el viento al soplar sobre el mar.

Una de las mayores olas de que se tiene noticia se produjo en 1933 y alcanzó una altura de 34 metros. ¡Igual que un edificio de doce plantas!

Las olas sólo se producen en la superficie del mar. A un submarino le basta con descender 100 metros para librarse de cualquier tempestad, por muy fuerte que sea.

¡Qué mareo de mareas!

Si vives cerca de una playa habrás visto que el agua del mar asciende y desciende. Unas veces cubre toda la arena y otras veces está lejos y deja una gran zona de playa al descubierto. A ese movimiento se le llama marea.

Algunas mareas son tan rápidas que muchos peces se quedan en la tierra y no pueden volver al mar. A veces, también les pasa eso a algunos barcos.

Los causantes de las mareas son el Sol y, sobre todo, la Luna, debido a la atracción que ejercen sobre las aguas.

Del más gigante al más diminuto

En los océanos vive la ballena azul, que es el animal más grande y más pesado del mundo. Su lengua pesa tanto como un pequeño elefante y su corazón en tan grande como una vaca.

En cambio, el "goby enano", que es uno de los peces más pequeños que existen, mide menos de un centímetro y cabría en una de nuestras uñas.

La ballena azul se alimenta de "krill", que es el nombre que reciben las masas formadas por millones y millones de minúsculas gambas. Una ballena azul se come diariamente cuatro mil kilos de estas gambas.

¡Peces luminosos!

La luz del Sol sólo es capaz de traspasar mil metros las aguas del mar. A partir de ahí todos los fondos marinos son tan oscuros como la noche más negra.

Muchos de los peces que viven en esas zonas con ciegos. Otros producen su propia luz, que en unas especies brota de los ojos, y en otras de un tentáculo que tienen en la cabeza.

Hay un tipo de calamar en
las profundidades que tiene un ojo
muchísimo más grande que el otro.
Se cree que uno le sirve para ver
de cerca y el otro para
ver de lejos.

¡Récord de patas y tentáculos!

Las medusas son unos animales marinos a los que más vale no acercarse, pues son venenosas. Por eso, cuando aparecen en una playa nadie se baña. A la más grande de todas se la conoce como "galeón portugués" y tiene unos tentáculos que llegan a medir más de 30 metros.

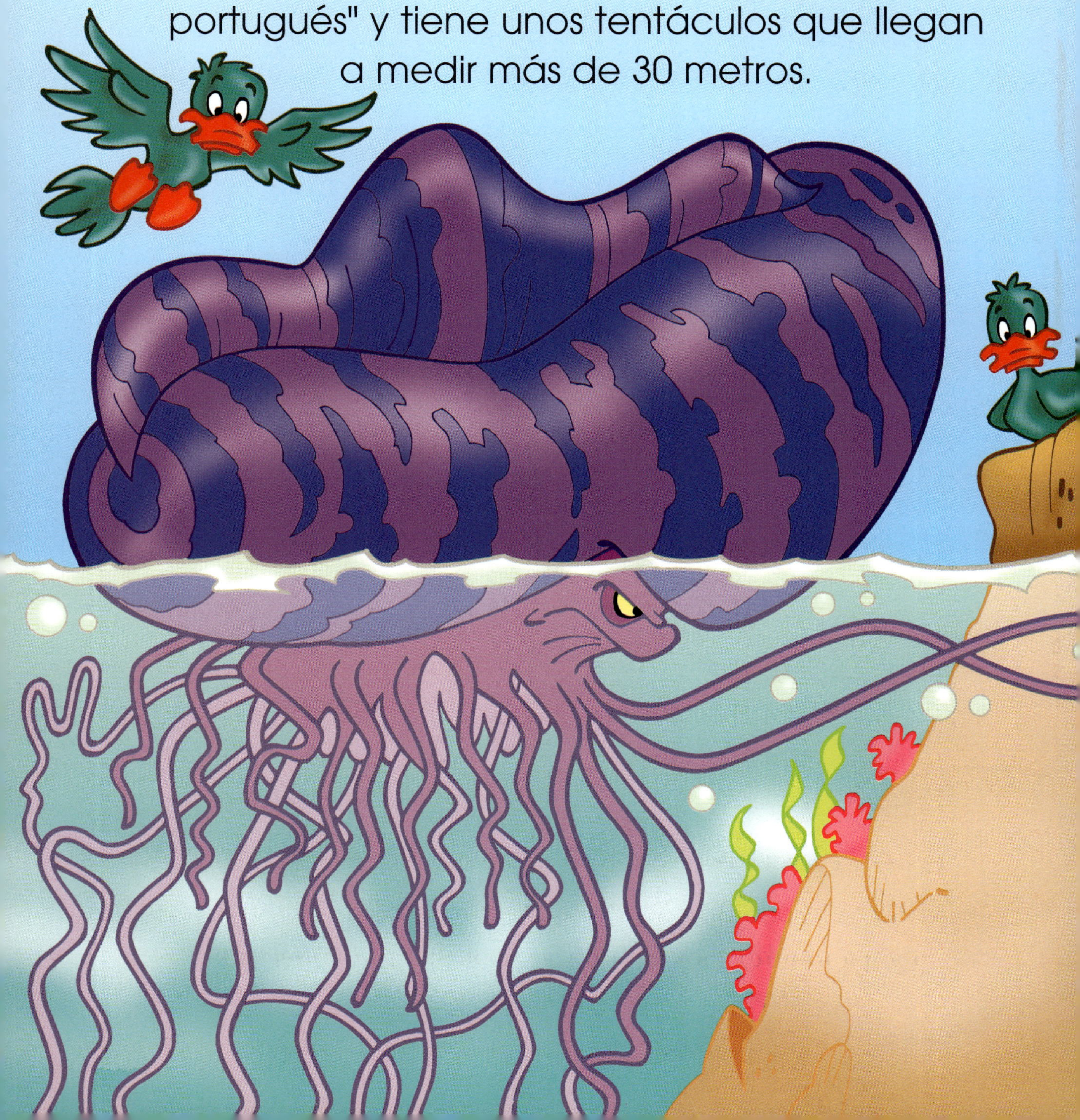

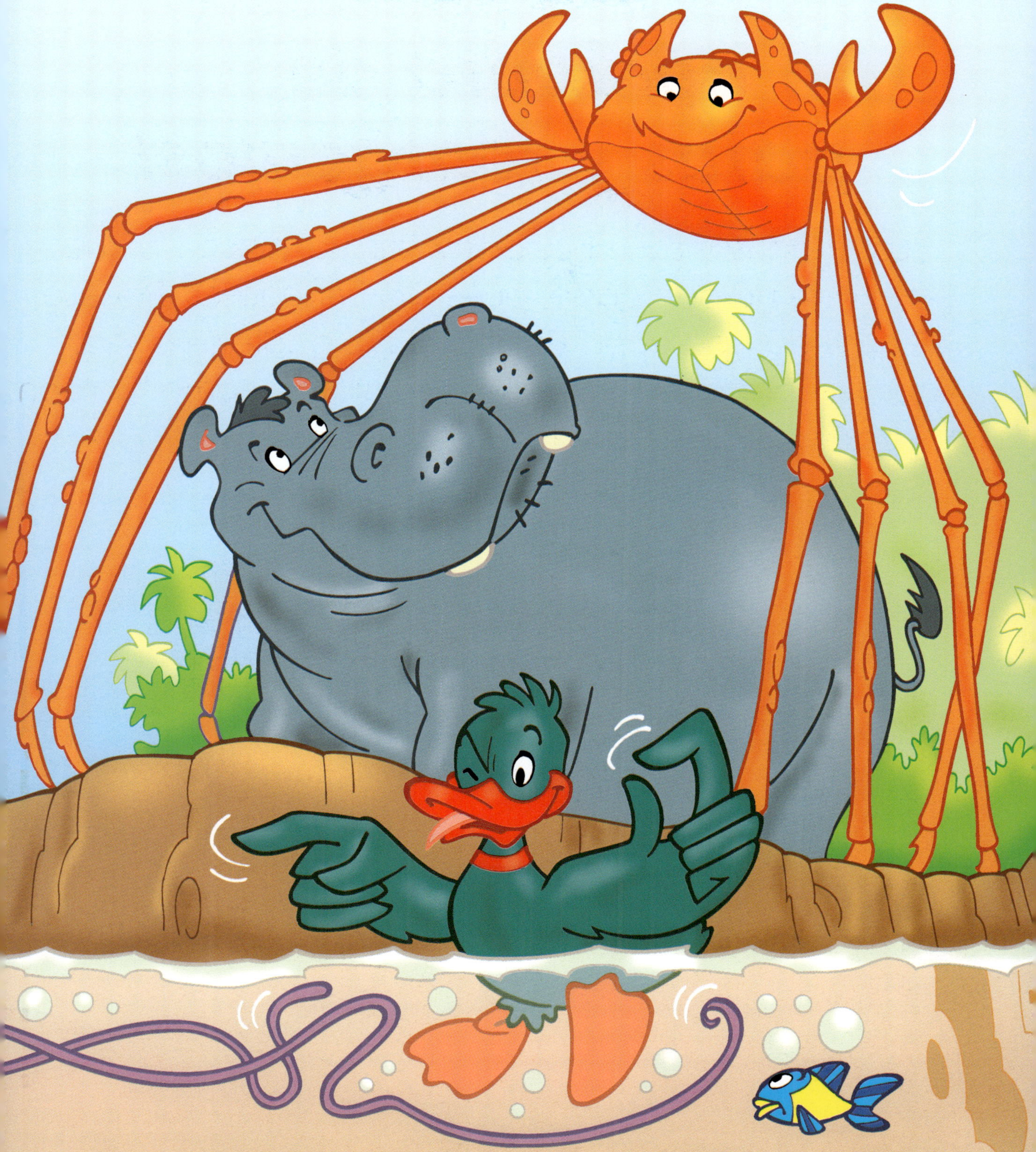

Otro bicho marino de largas extremidades
es el "cangrejo araña", que vive en Japón.
Con sus patas de más de tres metros este
cangrejito podría abrazar sin problemas
a todo un hipopótamo.

¿De dónde sale la sal?

Seguro que sabes por propia experiencia que el agua del mar es salada. Pero ¿sabías que del mar se extraen cada año cerca de seis millones de toneladas de sal? La mayor parte de esta sal se extrae en lugares como el que muestra el dibujo, llamados salinas.

Con toda esa sal que sacamos a lo largo de un año podría hacerse una montaña tan grande como la Gran Pirámide de Egipto.

¡Granjas submarinas!

El ser humano también obtiene del mar los peces, moluscos y crustáceos que necesita para alimentarse. Cada año se capturan unos 75 millones de toneladas de pescado en todo el mundo.

Para evitar que el mar se quede sin peces, muchos países crían pescado y marisco en granjas submarinas, a salvo de los depredadores.

En estas granjas los peces necesitan la
mitad de tiempo para convertirse en adultos.
Luego son soltados en el mar para que
se reproduzcan.

Tesoros e icebergs

Si te interesan las historias de tesoros te gustará saber que en el mar hay cien veces más oro del que posee la gente en todo el mundo. Si pudiera sacarse toda esa riqueza hundida, a cada persona de la Tierra le correspondería... ¡un kilo de oro!

Algunos científicos creen que con los icebergs antárticos podría abastecerse de agua a los desiertos.

Transportar esas inmensas montañas de hielo supondría un viaje de cuatro meses y la mitad del agua se perdería por el camino.

Los dragones chinos

En China, dicen las leyendas que antiguamente los océanos estaban vigilados por cuatro dragones.

Cada uno de ellos vivía en un palacio de cristal que estaba en el fondo del mar y tenía a sus órdenes un gran ejército formado por peces-espada, cangrejos, pulpos y otras muchas especies.

Estos dragones tenían la misión de patrullar las aguas y perseguir a los ladrones, los piratas y demás malhechores.

Si estás acostumbrado a oír que los dragones eran unos seres malvados que raptaban a las princesas, quemaban los pueblos y cometían toda clase de maldades, tal vez esto te sorprenda. Pero es que para los chinos, los dragones eran unos seres bondadosos y justicieros.

Otros récords del mar

El gigantesco tiburón ballena es el pez más grande que existe. Puede llegar a medir más de 18 metros y pesar unas 16 toneladas, es decir, lo mismo que cuatro hermosos elefantes.

A pesar de eso, es un pez de temperamento tranquilo que sólo se alimenta de pececillos pequeños.

Uno de los tesoros que guarda el mar son las ostras con perla. Pues bien, la perla más grande encontrada hasta ahora pesó cerca de 6 kilos y era tan grande como un balón de fútbol.

¿Existieron las sirenas?

Durante mucho tiempo los marinos aseguraban haber visto a las sirenas, esos fabulosos seres que eran mitad mujer, mitad pez.

Más tarde se demostró que lo que veían en realidad era a las hembras de los dugongos (mamíferos parecidos a las focas, también conocidos como "vacas marinas"),

que tenían grandes pechos y que, a larga distancia, podían parecer siluetas femeninas con cola de pez. Ya no es posible ver a estos simpáticos animales, pues se extinguieron hace bastantes años.

El más listo de la clase

Los delfines son los seres más inteligentes entre todos los que pueblan el mar.

Utilizan los sonidos para comunicarse entre ellos, para navegar y para buscar comida bajo el mar. Y lo hacen con tanta precisión como si utilizaran un radar.

Los científicos no dejan de estudiarlos
y de hacer experimentos con ellos, pues
piensan que aún quedan muchas cosas
por descubrir de estos fascinantes animales.

¡Cuidemos el mar!

Por desgracia, los océanos se han convertido en el gran basurero de la Tierra. Cerca de seis millones de toneladas de basura se arrojan al mar cada año.

Por eso debemos contribuir entre todos a la limpieza del mar. ¿Se te ocurre de qué modo? Pues, para empezar, no arrojando envases, envoltorios o desperdicios cuando estamos en la playa.

Recuerda siempre que el mar es uno de nuestros grandes tesoros.

Expresiones curiosas con la palabra MAR

Llorar a mares:
Llorar abundantemente (también se dice llover y sudar a mares).

Hacerse a la mar:
Salir a navegar.

La mar de...:
Mucho (ejemplo: había la mar de gente).

Hacer una raya en la mar:
Conseguir una cosa excepcional.

Arrojarse uno a la mar:
Aventurarse a un grave riesgo.

Las más divertidas CURIOSIDADES de nuestro MUNDO

- La historia del mundo... ¡contada en un año!
- ¡Qué personajes tan seductores!
- Las 7 maravillas del mundo
- Los meses del año
- Dos récords musicales
- Libros y detectives (¡los más grandes!)
- Inventos y curiosidades
- Dos inventos muy curiosos
- ¡Muchas gracias, inventores!
- Dos motivos de orgullo
- Curiosidades deportivas
- ¡Cosas del fútbol!
- Curiosidades de nuestro cuerpo
- Risas y lágrimas
- ¡Nos falta la paz!
- El aire que respiramos
- ¡Huracán!
- El arco iris
- Viajeros invisibles del aire
- Los hombres-pájaro
- No sólo vuelan las aves
- Los antiguos reyes del aire
- Aves que no vuelan
- Del más grande... al más pequeño
- En casa... ¡O de viaje!
- Las especies más abundantes
- Los más veteranos
- Los más rápidos
- El viento bien aprovechado
- ¡Cuidemos el aire!
- Nuestro planeta
- ¡Esos terribles volcanes!
- El clima y sus récords
- Montañas, ríos y lagos
- Récord del mundo vegetal
- ¡Hojas grandes como barcas!
- Curiosidades "alimenticias"
- Animales prehistóricos
- ¡Esos larguíiiiisimos reptiles!
- Mamíferos con récords
- ¡Los más rápidos!
- Monos y simios
- Curiosidades perrunas (y gatunas)
- Nombres curiosos de animales
- Animales fantásticos y misteriosos
- Planeta "AGUA"
- Abismos y montañas
- Olitas, olas y super-olas
- ¡Qué mareo de mareas!
- Del más gigante al más diminuto
- ¡Peces luminosos!
- ¡Récord de patas y tentáculos!
- ¿De dónde sale la sal?
- ¡Granjas submarinas!
- Tesoros e icebergs
- Los dragones chinos
- Otros récords del mar
- ¿Existieron las sirenas?
- El más listo de la clase
- ¡Cuidemos el mar!